U0754552

等你来的广西
（地理风貌篇）

蒋　瑜　覃彩连　翟禄新　农凤龙 / 编

气象出版社
China Meteorological Press

图书在版编目（CIP）数据

等你来的广西.地理风貌篇 / 蒋瑜等编.-- 北京：
气象出版社，2019.3

ISBN 978-7-5029-6941-7

Ⅰ.①等… Ⅱ.①蒋… Ⅲ.①广西—概况 Ⅳ.
① K926.7

中国版本图书馆 CIP 数据核字 (2019) 第 044349 号

Dengnilai de Guangxi（Dili Fengmao Pian）

等你来的广西（地理风貌篇）

出版发行：气象出版社

地　　址：北京市海淀区中关村南大街 46 号　　邮　　编：100081
电　　话：010-68407112（总编室）　010-68408042（发行部）
网　　址：http://www.qxcbs.com　　　E-mail：qxcbs@cma.gov.cn
责任编辑：张盼娟　　　　　　　　　　终　　审：张　斌
责任校对：王丽梅　　　　　　　　　　责任技编：赵相宁
封面设计：楠竹文化　　　　　　　　　插　　图：三文鼠
印　　刷：中国电影出版社印刷厂
开　　本：889mm×1194mm　1/32　　印　　张：1.5
字　　数：39 千字
版　　次：2019 年 3 月第 1 版　　　　印　　次：2019 年 3 月第 1 次印刷
定　　价：9.00 元

本书如存在文字不清、漏印以及缺页、倒页、脱页等，请与本社发行部联系调换。

欢迎你到广西来

　　广西，美丽八桂，拥有壮美的大山，秀丽的江河，神秘的喀斯特岩洞、气势磅礴的梯田、丰富多样的临海资源、生机勃勃的木草、炫美仙境的丹霞地貌等。一代又一代勤劳勇敢的广西人民，栉风沐雨，胼手胝足，开发并利用这块美丽而富饶的土地，创造出了光辉灿烂的八桂天地。

目　录

千山万壑

美丽的广西壮族自治区位于我国南部区域，东与广东省接壤，北与湖南省、贵州省相邻，西面是云南省，南面是蓝色的北部湾。地势西面高、东面低。丘陵很多，连绵山体，沟谷相间，且周围是高大的山体，所以我们可以称之为"广西盆地"。

　　俗语说广西"八山一水一分田"指的是广西丘陵占地面积比例大，平原面积较少。海拔高于一千五百米的高山就有数十座，往往高耸入云，峰峦叠嶂，气势磅礴。广西连绵的山峰分为桂东北山地、桂西北山地、桂西南山地、桂东南山地和桂中山地五个部分。

1.1 桂东北山地

桂东北主要山脉有猫儿山、海洋山、大瑶山、都庞岭、萌渚岭、越城岭、摩天岭、花山、大桂山、九万山、大苗山、大南山、天平山、驾桥岭和莲花山等。

（1）猫儿山

猫儿山人称"华南第一高峰"，横跨广西桂林市的兴安县、资源县、龙胜县三县。猫儿山得名于山顶一看似卧猫花岗岩的巨石。猫儿山林木葱郁，水能资源丰富，是漓江、资江的发源地。山上拥有山门、铁杉公园、杜鹃园。各景点均宜登山旅游，且各有特点。春赏花，夏避暑，秋登高，冬听雪，它是人们休闲娱乐观赏风景的好去处。

（2）海洋山

海洋山是处于越城岭和都庞岭之间的山体，由众多峰峦组成，主要山峰从北到南依次为婆殿、螺蛳顶、宝界山、雷王殿、笔架山、猪婆岭等。涉及县市分别为广西桂林市的灌阳县、全州县、兴安县、灵川县、恭城县和阳朔县。整体是自东北到西南走向。它是湘江干流（灌江）的发源地。主峰是宝界岭。

海洋山是银杏的海洋。深秋时节，银杏落叶纷纷，一片片金黄洒落人间。金黄世界就是深秋的海洋美景，深深地吸引着人们挨三顶五地到访这个宁静的金黄世界，来一睹其芳容。

（3）大瑶山

一说起大瑶山，就让人想起神秘多彩的瑶族风俗。大瑶山主体位于广西中部偏东的金秀瑶族自治县，延伸到象州县、蒙山县、平南县等县境内。它是桂江、柳江的分水岭。

大瑶山的旅游景观资源丰富。主要的景观有圣堂山景区、天堂山景区、莲花山景区、老山原始森林景区、香草湖、民俗村等。大瑶山一带集中了全世界最多的瑶族人，而金秀的大瑶山瑶族同胞因起源、信仰、风俗、文化以及服饰，区别于其他省份的瑶族，形成了以"山"为特色的奇特民俗。瑶族歌舞富有特色，婀娜多姿，美不胜收，所以人们又说"世界瑶族中心在中国，中国瑶族研究在金秀"。

1.2 桂西北山地

桂西北主要山脉有大明山、都阳山、青龙山、金钟山、岑王老山、白花山、凤凰山、镇龙山等。

（1）大明山

大明山亦称大鸣山，处于广西中部，涉及范围有广西南宁市的武鸣区、上林县、马山县、宾阳县。北回归线横穿整个大明山中部。我们国家最大最高的北回归线标志点就在大明山上。大明山有雄险幽深的甘南大河谷、主脉群峰之顶的天然大草坪、壮观的三滩龙尾瀑布等。登顶远看，群山围绕，云绕峰顶。有阳光的云雾情况下，山上就会出现"五彩光环"的大明仙境。云海、奇峰、飞瀑、密林、深沟构成大明山的旅游五大风景。

（2）都阳山

都阳山是典型的喀斯特山地，峰丛石山，是广西最大的连片石山区域。它位于广西西北部的中部，主要分布在东兰县、凤山县、巴马县、都安县等地。山体呈现出西北—东南走向。山峰海拔不高，平均为 600 米左右。特色景点有龙边山、鬼头山、忘友山、亭横岭、马头山、八峰山、九龙山、七星山、顶旗山、更高山、东孟山、大山岭等。

（3）青龙山

青龙山位于广西的西北地区，涉及的县市有凌云县、凤山县、乐业县、天峨县等。山体呈现西北—东南走向。地势上北面比较高。最高峰是三曹山。

1.3 桂西南山地

桂西南主要山脉有十万大山、公母山、六韶山、泗城岭、大青山、四方岭、西大明山等。

（1）十万大山

十万大山从广西的钦州市贵台镇起，延伸至中越边境，涉及钦州市、防城港市、崇左市的宁明县等县市。山体呈东北—西南走向，是广西最南部的高山山脉。群山连绵、深沟镶嵌，林木葱郁，热带和亚热带的植物物种丰富。人说十万大山"无山不绿、无峰不秀、无石不奇、无水不飞泉"，就像十万狼兵守卫祖国的西南边疆。现在开发好的景区有十万大山国家森林公园、王岗山风景区、广西防城金花茶国家级自然保护区等。

（2）公母山

公母山位于我国南部，与越南接壤，是两国边界的界山，分布于崇左市的宁明县和越南的交界处。北面的两个巨大山体并列，就像是一对夫妻，因此称之为公母山。此山山体庞大，坡度也大，山顶云雾缭绕，整体湿度大，降水量大，水资源丰富。

（3）六韶山

六韶山分布于桂西和滇东南，是横跨两省的山脉，主要位于云南省文山壮族苗族自治州。此山在广西的部分位于百色市的那坡县和靖西县。规弄山是六韶山的最高峰。

 ## 1.4 桂东南山地

桂东南山脉有著名的大容山、云开大山、六万大山、罗阳山等。

（1）大容山

大容山是桂东南第一山，高山气势磅礴，以无所不包、无所不容而得名，地处郁江平原与玉林盆地。此山涉及的县市主要有玉林市和桂林市，呈现东北—西南走向，主峰梅花顶，为桂东南

的最高峰。山中林木葱郁，降水丰富，溪流众多，多注入南流江、郁江和北流江。河流湍急，多急滩跌水。大容山主要山峰有天井岭、顶岭、葵扇岭、红岭岗、母鸡寨、蟾蜍脊、七星岭、状元岭、牛颈岭、大冲头、虎茶岭、龙虎头、香山顶、尖峰岭、红岭顶、长蛇界等。

（2）云开大山

云开大山山脉位于广西玉林市东部和南部，分布在广东的郁南县、罗定市、信宜市和广西的梧州市、岑溪市、容县、北流市、陆川县等县市，是广西和广东两个省份的界山。山势呈东北—西南走向，连绵数百千米。最高峰为大田顶。

（3）六万大山

六万大山分布于广西浦北县、博白县和玉林市三个县市，主体部分在浦北县、博白县境内，自博白南流江西岸至灵山界。山势呈东北—西南走向。山上的六万大山森林公园，空气中负氧离子高，旅游舒适度高，是中国岭南的避暑养生胜地。

 ## 1.5 桂中山地

桂中山地顾名思义是处于广西盆地中部的山地，是广西五个山地区域当中面积最小的一个区域。

其中的镇龙山分布于宾阳县、横县、贵港市三县市，是典型的穹窿山，呈椭圆形。主峰是镇龙乡大圣山。镇龙山的河流最终注入郁江和红水河，是广西的水源保护林山。

2 秀丽江水

2.1 自然河流

广西河流众多，有蜿蜒流淌的，也有气势磅礴的。奇峰秀水，形成一幅山环水绕、山清水秀、依山傍水、层峦耸翠的秀丽景色。广西有西江水系、长江水系、桂南沿海诸河。西江水系西入东出，穿过广西壮族自治区进入广东省。长江水系主要有广西东北部的湘江和罗江，流入湖南省的洞庭湖，最后汇入长江。南部诸河流流入北部湾区域或越南等他国。

2.1.1 西江水系

（1）南盘江

南盘江是珠江流域西江水系干流的源头。它既是广西与云南的界河，也是广西与贵州的界河，流经广西的西林县、隆林县、田林县、乐业县等县。

（2）红水河

红水河是西江水系的上游，途经乐业县、天峨县、南丹县、来宾市等县市，到象州县石龙镇与柳江汇合。红水河在广西的主要支流有布柳河、清水河、刁江、灵岐河等。由于沿途中流过红色的砂贝岩

导致水的颜色呈红褐色，因而它被人们取名为红水河。

（3）浔江

浔江是西江水系的中游河流名称，起于郁江与西江交汇处，止于梧州市西江与桂江会合处，在梧州市桂江汇入后即称西江。浔江上游流域宽广，集流历时长，能极大地影响梧州水位，易形成洪水形势。浔江河面面积大显得宽广，水量充沛，是广西重要的水上交通要道。

（4）郁江

人们一般也称它为南江，起源于云南广南县境内的杨梅山，是西江水系的最大支流。从邕宁区宋村汇合后始称郁江，主要支流有左江、武鸣河、百东河、龙须河、澄碧河、乐里河、西洋江等。到达南宁之后的河段有镇龙江、武思江、八尺江等。此江水量充足，是广西内河航运的重要要道。

（5）柳江

柳江是西江水系干流的第二大支流，航运条件优良，是广西的航运要道。此江流经贵州、湖南、广西三个省份。柳江水系呈树枝状，沿岸土地肥沃，耕地聚集，人口密集，有柳州市等广西重要城市。较大支流有龙江、古宜河、寨蒿河、洛清江等。

（6）漓江

西江水系中的漓江，是支流桂江上游河段的统称。一般意义上所说的漓江是指起源于越城岭猫儿山，终于平乐县的三江口。

漓江的河床泥沙量较少，水流清澈，两岸是典型的喀斯特岩溶地貌，所以旅游资源非常丰富，"桂林山水甲天下"由此而来。

2.1.2 长江水系

（1）湘江

湘江干流在广西的兴安县，也称为白石河。在广西的全州县境内，湘江自广西兴安县界首入境，于庙头镇的岔岗流入湖南东安县境。

（2）罗江

人们又称罗江为罗水、陵罗水。历史上的南朝宋元时期是在嘉罗州县内，所以称之为罗江。该江起源于广西北流市的丫髻顶北麓，最后在化州市汇入鉴江。主要支流有平定水、陵江。

2.1.3 桂南沿海诸河

桂南沿海主要河流有大风江、南流江、防城河、钦江、茅岭江、北仑河。其中最大的河流为南流江。其次为钦江、防城河。桂南区域的降水丰富，水资源充盈，且开发利用程度较高。

（1）南流江

南流江是广西独流入海的第一大河，分布在广西东南区域，起源于玉林市北流市大容山，自北向南流，所以人们称它为南流江。南流江途径玉林市、钦州市、北海市等六县市，最终在北海市合浦县汇入廉州湾，是流程较长、水量较为丰富的独入大海的河流。沿江两岸的土地肥沃，耕种产量较高，农业发展较好。

（2）北仑河

北仑河是我国与越南的界河，是一条国际河流，起源于我国的十万大山，在我国东兴市和越南芒街间注入北部湾。北仑河两岸风景优美，有历史的中越人民友谊公园和中越人民革命烈士纪念碑。北仑河口有著名的北仑河口国家自然保护区，是一个以保护红树林湿地为目标的自然保护区。

2.1.4 地下河

喀斯特地下河有四百多条。主要的地下河有坡心地下河、地苏地下河、文雅地下河、冠岩地下河等。

（1）坡心地下河

坡心地下河是广西凤山世界地质公园的核心旅游景点，是一条暗河，主要位于地下。从广西凤山县三门海流出的坡心河，是广西流量最大且流程最长的溶洞暗河。坡心河地上部分经过坡心大坝、波心桥然后转入袍村溶洞长廊，由平乐、江洲、谋爱、六马、中亭、金牙、社更7条支流汇合而成。地下部分弯曲蔓延，和溶洞一起组成规模较大的色彩缤纷的岩溶和地下河景观。主要景点有古榕参天、三门海、飞龙洞、雷劈岩、半洞天坑、万寿谷、同寿山水等。

（2）地苏地下河

地苏地下河是广西规模最大的地下河，主要流经广西都安瑶族自治县。它不是只有一条主干河流，而是呈现出树枝状的地下河流水系。在这个神秘的水系中，分布着目前发现的数量最多、密度最大的三百多个地下河天窗群，堪称"世界第一的地下河天窗群"和"世界地下河天窗最典型的天然博物馆"。

 2.2 运河

广西人民勤劳勇敢，开凿了灵渠、平陆运河、潭蓬运河、湖海运河、相思埭等运河。

（1）灵渠

灵渠旧称凿渠、秦陡河、湘桂运河、兴安运河、零渠。灵渠连接桂林市兴安县的海洋河和大榕江。古老的运河有着"世界古代水利建筑明珠"的美称。

灵渠主体工程由铧嘴、大天平、小天平、南渠、北渠、泄水天平、水涵、陡门、堰坝、秦堤、桥梁等不同但不可或缺的部分组成。灵渠由北渠和南渠两渠组成，是长江和珠江两水系的连接点。景点有四贤祠、飞来石、三将军墓、万里桥、沧浪桥、接龙桥、粟家桥等。

（2）平陆运河

平陆运河是广西重要的水上出海通道，连接西江航运干线和南部北部湾。平陆运河源起广西南宁市横县的西津水电站库区平塘江口，止于钦江出海口沙井港，是一条通江达海的临海运河。

2.3 湖泊

除较大湖泊或水面为主景的主要观赏点外，湖泊风景还包括湖泊岸边的农家舍院、田园风光或者城市景观等，共同组成了湖泊景观。如桂林的榕湖和杉湖、贵港的东湖、南宁的南湖、柳州的龙潭、陆川的龙珠湖等。

（1）榕湖和杉湖

两湖以阳桥为界，相互连通。榕湖以前也称为莲湖，盛夏时节，以美丽莲花、接天莲叶的美景而得名。杉湖因"补杉楼"而得名。两湖是两江四湖环城水系的重要湖泊，湖上有美丽的曲桥亭榭、水曲长廊。夜晚的榕湖和杉湖在灯光的衬托下交相辉映。日月双塔坐落在杉湖中，日塔为铜塔，位于湖中心；月塔为琉璃塔。两塔之间以水下的水族馆相连。

（2）东湖

原名东井塘、路云塘，俗称大塘。东湖位于贵港市城区东侧，与东湖公园相连，是广西最大的内陆湖公园。东湖被誉为"贵港明珠"，是贵港人心中的圣湖。

2.4 水库

广西不缺乏水面宽阔、水质优良、群山环抱、湖光山色、秀美风景的大型水库,共有大型水库三十多座,包括百色澄碧河水库、灵川青狮潭水库、西津水库、澄碧河水库、小江水库、大化水库、那板水库、左江水库、洪潮江水库、大王滩水库、富川龟石水库、大埔水库、凤亭河水库、浮石水库、达开水库、六陈水库、客兰水库、合面狮水库等。

（1）澄碧河水库

澄碧河水库因为建在澄碧河上而得名。它以发电为主,结合灌溉、防洪等综合利用。水库位于广西西部的崇山峻岭之间,库面宽阔,是一座秀丽的人工湖泊,人们称之为"大海的女儿",就像一块晶莹剔透的碧绿宝石镶嵌在层峦叠嶂中。

（2）青狮潭水库

青狮潭水库位于广西桂林市灵川县青狮潭镇,是一个以灌溉为主,结合供水、发电、防洪、航运、养鱼、旅游等综合利用的大型水库,是桂北最大的水库,属于

国家级大型水库。主要建筑物有大坝、东西干渠、溢洪道、发电隧洞等。

2.5 瀑布

秀美的流动河水在近似垂直的落差地势中一泻而下，就形成了美丽的瀑布。广西瀑布有著名的大新德天瀑布、资源的宝鼎瀑布、靖西的三送岭瀑布、龙州的响水瀑布、隆林的冷水瀑布等。

（1）德天瀑布

闻名遐迩的德天瀑布位于广西崇左市大新县硕龙镇德天村，所处地段是中国与越南边境处的归春河上游。瀑布整体呈现三叠状飞泻而下，水声轰鸣、气势磅礴、蔚为壮观，紧邻的是越南板约瀑布。德天瀑布是中国和越南的跨国大瀑布，年均水流量大，约为贵州黄果树瀑布的三倍。

（2）宝鼎瀑布

宝鼎瀑布因起源于越城岭山脉中的宝鼎山而得名。宝鼎瀑布群由九级瀑布构成，形成了一幅若隐若现的美妙神秘的长画卷。宝鼎瀑布景区位于广西桂林市资源县，主要有宝鼎瀑布、宝鼎湖、宝鼎山、白云庵、原始矮林等景观。水量大的时候，从瀑顶到瀑底，弯弯曲曲，形成九级直落宝鼎湖。明代地理学家徐霞客书写下宝鼎瀑布的赞誉："悬崖飞溅，长如布，转如倾，匀成帘。"

2.6 温泉

在美丽的八桂大地上，融泉分布较多，分布范围也相对广泛、不集中，并且四种不同的热、温、沸、冷泉都有分布。其中分布较多的还是温泉。比较有名气的温泉有龙胜温泉、陆川温泉、全州炎井温泉、象州温泉。这些温泉水流量大，水温适宜，富含有益人体健康的矿物质，并且所处的地方风景宜人，是疗养、度假、休闲的好去处。

（1）龙胜温泉

龙胜温泉在龙胜温泉国家森林公园里，位于桂林市龙胜县城东北的矮岭溪边。温泉水是深层水，水温适合人体浸泡，富含益于人体的微量元素铁、锶、锂、铜等。龙胜温泉有二十几个泉池，包括高温蓄水池、静谧池、清新池、亲亲鱼池、药浴池、儿童戏水池、游泳池等。温泉结合附近的景观，如细门红瑶寨、三门红瑶寨、白面红瑶寨、岩门苗寨、红军岩（白面奇石）、天桥观猴、温泉森林公园、岩门峡漂流等，组成一个综合性的旅游观光景点。

（2）陆川温泉

陆川温泉位于广西玉林市陆川县城南的九洲江边。它分布于九洲宽广的河滩上，烟笼雾绕，用手拨开河滩的细沙，就有泉水涌出。如果地势低洼形成沙坑，用热沙掩盖身体，可以促进身体的血液循环，达到理疗和保健作用，此为沙浴。

3 喀斯特地貌

广西壮族自治区境内的喀斯特地貌分布广泛，集中成片地分布于桂西南、桂西北、桂中和桂东北，发育类型也较多。

广西喀斯特地貌分为峰丛洼地、峰林谷地和残峰平原三种类型。就全广西而论，大体以湘桂铁路为界，桂西北岩峰高雄集中，多属峰丛洼地类型；桂东南岩峰小巧分散，多属峰林谷地和残峰平原。岩溶集中的面积以河池市最大，柳州、来宾两市次之，南宁、崇左两市居三，钦州市最小。

广西的岩溶地貌发育齐全完备，风景独特秀丽。特别是峰林谷地类型，山清水秀，石奇洞美，风景极为奇丽，尤以桂林、阳朔一带景色最美。秀丽的山峰、清澈的漓江、神奇的溶洞让广西自然景观更美了。"江作青罗带，山如碧玉簪""群山倒影山浮水，无山无水不入神""无山不洞，无洞不奇"，这些秀美的山水给广西的旅游产业带来很大的经济效益和社会效益。

3.1 地表喀斯特地貌

广西的地表喀斯特地貌包括岩溶谷地、岩溶平原、岩溶石柱、石林、天生桥、孤峰、峰林、峰丛、缓丘、丛丘、丘陵、溶沟、竖井、天窗、落水洞、漏斗、洼地、溶盆、礁坪、丹霞、岩溶湖、岩溶潭、多潮泉各种岩溶形态等。

3.1.1 峰林地貌

广西是我国岩溶峰林地貌发育早并且典型的一个区域，其中，以峰丛洼地最为典型。

广西的峰林地貌典型秀美，平地拔起，气势超群，造型奇特。形态各异、山峰秀美的桂林阳朔段是会岩峰林，就是徐霞客笔下的"碧莲玉笋世界"。广西的其他地方，如桂东北、桂中、桂东南、桂西等地也经常能够见到石灰岩峰林。

3.1.2 丹霞地貌

广西资源国家地质公园主要位于广西桂林市资源县，北部与湖南邵阳市新宁县连接，东西沿着资江分布。这个地质公园以丹霞地貌为特点。其中，红层盆地的主峰八角寨称为云台山，坐落于资源县东北部梅溪乡大坨村。云台山山巅呈八个角所以也被称为八角寨。这里具有国内罕见的丹霞地质地貌奇观，山体多由紫

红色砂岩构成，具有丹霞地貌独特的"顶斜、身陡、麓缓"特征。八角寨整体的山体巨大，气势宏伟，丹霞地貌发育好，被称为"丹霞之魂"。俯瞰丹霞地貌，其雄伟、奇峻、惊险、幽静、秀丽等特点突出。山顶上有一个大台状地表，建有一寺庙，名为天心寺。天心寺香火旺盛，登顶者皆登高远眺，于云烟缭绕中可见云海云山等奇景。

3.2 地下喀斯特地貌

广西的地下喀斯特地貌有岩溶洞、地下河、地下湖、珊瑚礁、天坑等。

3.2.1 岩溶洞穴

广西的喀斯特溶洞众多，且神秘新奇。据统计，广西的岩溶洞穴有十万多个。在这些新奇百怪的洞穴里，钟石乳、石幔、石花、石莲、石笋、石林、石柱灿若繁星，比比皆是。较为著名的岩溶洞穴包括：旱洞型，如桂林市的芦笛岩、七星岩，柳州市的都乐岩，武鸣县的伊岭岩等；水洞型，如桂林市的冠岩、荔浦县

的丰鱼岩等；考古陈列型，如桂林市的甑皮岩、龙隐岩等。

（1）芦笛岩

国宾洞芦笛岩位于桂林市的西北郊，是一个以游览岩洞为主、观赏山水田园风光为辅的风景名胜区。芦笛岩洞深 240 米，游程 500 米。洞中有成千上万、数不胜数的岩溶景观，如石乳、石花等，加上人们美丽的想象，就形成了红罗宝帐、原始森林、狮岭朝霞、水晶宫、花果山、塔松傲雪、盘龙宝塔、双柱擎天等景点。芦笛岩也被称为"大自然的艺术之宫"。

（2）丰鱼岩

丰鱼岩位于广西桂林市荔浦县，因岩内地下河盛产油丰鱼而得名。该溶洞贯穿九座大山，洞中小厅连大厅，最大厅面积有两万多平方米，岩洞内有地下河可供乘船观赏美景，是国内外罕见的奇特大溶洞。游程分为陆地观赏景区、暗河漂游观赏区及其外围田园旅游景区三个部分。景点项目有洞内陆地、暗河漂游、歌舞表演、民族风情、八卦山庄等。

3.2.2 乐业天坑群

乐业天坑群处于我国广西河池市乐业县，位于广西西北部。范围约有二十平方千米。现在已经发现的二十多个天坑，分别被命名为大石圩、白洞、风岩洞、穿洞等。天坑四周就像是被刀削一样的陡峭石壁，从外往里看就像是一个深深的竖井。一般天坑底下是郁郁葱葱的森林，当然一般都有地下河与之连通。地底森林中有大量丰富的动植物物种。

　　在乐业天坑群中，面积最大的是大石围天坑。大石围天坑位于广西乐业县同乐镇刷把村百岩脚屯。因其惊险、奇骏、秀美等集于一体的旅游奇景，被称为"天坑博物馆"。内部主要景点有天坑森林、地下宫殿等。观赏内容有洞外观光、坑底森林观光、探险地下河、大石围观光、岩溶洞穴观光等。

田连阡陌

4.1 龙胜梯田

龙胜梯田处于广西龙胜各族自治县龙脊镇，是指在龙脊山上开发出的梯田，广义上叫作龙胜梯田，狭义上称为龙脊梯田。

龙胜梯田是一个规模较大的梯田群。主要有三部分，从东往西分别是金坑大寨红瑶梯田景观区、平安壮族梯田景观区、龙脊古壮寨梯田景观区。居住者的主要民族成分是壮族和瑶族。

龙胜梯田景区是以农业梯田景观为主体，融壮族、瑶族等少数民族传统民族风情为一体的，集自然景观与人文资源于一身的综合旅游景区。龙胜梯田群规模宏大，从山脚盘绕到山顶，层层叠叠，高低错落。其线条行云流水，其规模磅礴壮观，是桂林旅游的一个重要组成部分。

金坑大寨红瑶梯田有千层天梯、西山韶乐和金佛顶三大景；平安壮族梯田顶端有七星伴月、九龙九虎两景；龙脊古壮寨梯田景观较分散。下雨时，层层梯田在雨雾中格外秀美，空中缥缈着缕缕云烟，整个龙胜梯田景区山清水秀。

梯田是人类的智慧结晶，大规模集中的龙胜梯田更加少见。

从流水湍急的河谷，到白云缭绕的山巅，从万木葱茏的林边到石壁陡崖前，凡有泥土的地方，都开辟了梯田，就好像一级一级地登上天空的天梯。

4.2 明仕田园

明仕田园距离崇左市大新县县城 53 千米，位于大新县堪圩乡明仕村。整个明仕田园景区山清水秀、山环水绕，再加上点点农舍，风景美不胜收。

明仕田园主景是稻田，山水之间的绿色是景点的主要色彩。小桥流水、稻田农舍、翠竹桃花共同构成了明仕田园的风景。

4.3 五彩田园

　　五彩田园坐落于广西玉林市玉东新区茂林镇，一共包括鹿峰、鹿塘、鹿潘等在内的十个村落。

　　五彩田园有荷之源、圆之源、农友草堂、中国现代农业技术展示馆、中国南药园、隆平高科技杂交水稻种植示范基地等十多个景点，包括穿镜山、天门关、伟人山等山山水水类自然景观，以及蕴涵人文历史气息的景观，如宝相寺、马援营、古代南方海上丝绸之路等历史印记。

5 璀璨临海

广西南临北部湾，整体的海岸线弯弯曲曲，类型多样：南流江口和钦江口为三角洲型海岸；铁山港、大风江口、茅岭江口、防城河口为溺谷型海岸；钦州市、防城港市两市沿海为山地型海岸；北海市、合浦县沿海为台地型海岸。

5.1 海滩

广西南部沿海有独具特色的热带海滨风光，如北海银滩、钦州三娘湾、防城港金滩等。

（1）北海银滩

北海市是一个典型的沿海城市，海岸线长，沿海区域有不少建设成对外开放游玩的旅游点，北海银滩就是其中之一。海滩位于广西北海市银海区，西起侨港镇渔港，东至大冠沙，由西区、东区和海域沙滩区组成。整个沙滩由细腻柔软的石英砂堆积而成，在阳光的照射下，泛出银光，所以称之为银滩。北海银滩有地势平坦、沙子细腻柔软、水质清澈等特点，被称为"中国第一滩"。

（2）钦州三娘湾

位于我国南部北部湾的钦州三娘湾以中华白海豚而闻名，是中华白海豚的故乡。三娘湾坐落于广西钦州市犀牛脚镇南面，已开发成一个旅游景区，湾区有大浪。风景中有碧海蓝天，绿树渔船，奇石怪山，组成三娘石、母猪石、乌雷岭、威德寺等景观景点。

（3）防城港金滩

金滩位于漓尾岛西面，连至乌头岛西南面，因为沙滩的沙子呈现出金黄的颜色而得名。沙滩沙子柔软细腻，海面常常风平浪静，是一个优良的天然海滨浴场、滨海旅游度假风景区。

5.2 海岛

广西沿海岛屿很多，其中，涠洲岛和斜阳岛是广西最大的两个古火山残堆体岛屿。涠洲岛面积约 25 平方千米，是我国最大和最年轻的火山岛，保存了最完整的多期火山活动。

（1）涠洲岛

涠洲岛是广西第一大岛，位于北部湾海域中部，与斜阳岛相邻。它是火山喷发堆积起来的岛屿，也是中国地质年龄最小的火山岛。岛屿上可观看鳄鱼山、滴水丹屏、石螺口、五彩滩、天主教堂等景点，以及海积、海蚀等景观。

（2）斜阳岛

斜阳岛是一座位于广西北部湾的岛屿，岛上气候宜人，充满海洋风光。斜阳岛与涠洲岛相邻，也是火山喷发堆积而成的火山岛。由于在涠洲岛上可以看到太阳斜照到斜阳岛的全部景观，所以称之为斜阳岛。

 ## 5.3 海港

广西整体海岸线漫长曲折，深港湾谷，可以形成优良的港口，有铁山港、北海港、大风江、钦州湾、防城港、珍珠港和北仑河口等天然港湾、河口。它们为开展航海、捕捞、水产养殖、海盐

制造等奠定了一定的硬件基础，对广西的海上运输、发展对外贸易及海洋渔业等也都十分有利。

（1）铁山港

铁山港又称为大廉港、榕根港，位于广西北海市铁山港区，是一个狭长的台地溺谷型海湾。它南北狭长约40千米，东西宽约4千米。铁山港是我国距离非洲、中亚、欧洲、西亚最近的港口。同时，它也是广西面积较大、水体较深的第二大港湾。铁山港对外交通便利，易于维护航道港池，是一个优良的天然海港。

（2）北海港

北海港地处我国南部，是北部湾的重要天然良港，港宽水深，航道通畅，是广西重要的对外贸易港口。

 **5.4 海洋渔场**

　　广西著名的渔场很多，也是世界海洋生物物种资源的宝库。北部湾是我国有名的大渔场之一，有西口、白马、莺歌海、涠洲、夜莺岛、青湾、昌化等十多个渔场，闻名于世的合浦珍珠就产自这一海域。合浦珍珠在世界上被称为南珠，是一个宝贵的可养殖品种。广西浅海滩涂面积广阔，利于海水养殖业的发展，同时也是适合众多鱼类繁殖的场所。

（1）北渔场

　　北渔场指涠洲岛附近的近海渔场。涠洲岛以北禁渔区主要是鱼虾的繁殖场，是鱼类资源繁殖保护区；大风江以东、涠洲岛以北的水域是鱼类产卵场。

（2）湾中渔场

湾中渔场主要指以夜莺岛为中心的渔场。渔场是好几个海洋水团交汇的区域，海底平坦，特别适合渔船底拖网作业，是有名的底拖渔场。

（3）北部湾南部外海渔场

指北部湾湾口南向的大陆架，是最近开发出来的捕鱼好去处，且大部分盛产的是经济效益较好的鱼类。

6 草木苍翠

6.1 红树林

淤泥质海滩多生有红树林。广西拥有中国面积较大的红树林，分布于沿海滩涂，具有极大的科研和生态价值。如在北海市合浦县沙田半岛东西两侧、钦州港海湾，形成独特的红树林海岸。广西境内有广西山口红树林国家级生态自然保护区、广西防城港北仑河口国家级自然保护区、广西茅尾海红树林自治区级自然保护区。

6.2 经济作物

（1）甘蔗

广西是著名的甘蔗生产基地，甘蔗产地分布于右江盆地、浔江平原、南流江三角洲等地。

①右江盆地

位于百色至田东的右江两岸。盆地内海拔较低，地势平坦，土壤肥沃，光照充足，水热条件好，对发展农业很有利，是广西重要的水稻和甘蔗生产基地，有"桂西明珠"之称。

②浔江平原

坐落在桂平市区至平南武林的浔江两岸。是广西最大的冲积平原。平原土层深厚，土质肥沃，地表坦荡，浔江迂回其间，又处郁江和黔江交汇处，南北两岸，河网纵横，湖沼密布，灌溉十分便利，是广西最重要的粮蔗基地之一。

③南流江三角洲

位于北部湾畔的合浦县中南部，由源自北流市大容山的南流江冲积而成，是广西第二大冲积平原，也是广西最大的三角洲。它地势低平，河网密布，土壤肥沃，光、热、水条件都很优越，极宜种植水稻、甘蔗、花生等农作物，是广西重要的粮

食、经济作物和热带亚热带水果生产基地。

（2）罗汉果

罗汉果是一种藤状植物，是我国传统出口商品，也是广西的特产。罗汉果既是名贵药材，也是高级清凉饮料兼调味佳品，有"东方神果"的美称。

罗汉果不管是天然果实还是处理加工过的成品，畅销国内外，为广西的重要出口商品之一。产量最多的是桂林市永福县和临桂县、柳州市融安县等。

（3）桂花

广西桂花，自古便享有盛誉。广西壮族自治区别称为桂，与盛产桂花就有密切关系。在旅游城市桂林，桂花树夹道成行，郁郁葱葱。每到秋日，繁花竞放，满城飘香。葱郁的桂花

树，跟塔松、玉兰、棕榈相映成趣，斑斓绚丽。自古以来，桂花被当作吉祥、友谊的象征，互相馈赠。桂花在我国广受人们的喜爱，可以制作成各种美食，例如桂花糕、桂花糖。桂花还可以泡酒，味道香甜怡人。